Nudeln machen glücklich. Auf (fast) jeder Party ist deshalb der Nudelsalat – egal, welche Variante – schnell verputzt. Leider kommt dabei äußerst selten Neues und Überraschendes auf den Tisch. Deshalb habe ich nach Nudelsalat-Rezepten gesucht, die bei kurzer Vorbereitungszeit und einfachen Zutaten kulinarisch vielfältig und einfach köstlich sind.

Vorwort

So war ich z. B. auf Empfängen stets der Erste, der das Buffet inspizierte. Auch auf „Europas Campingplätzen" wurde ich fündig. Denn dort wird seit jeher mit Hingabe gegrillt und üppig gekocht.

Dank dieser „Erkundungsstrategie" sind die „Leckeren Nudelsalat-Rezepte" entstanden. Darum bedanke ich mich bei all denjenigen, die mich in ihre Schüsseln haben schauen lassen, von deren Tellern ich probieren durfte und die mir auch gut gehütete Familien-Rezepte à la: „Das hat schon meine Oma so gemacht", verraten haben. Ich danke ferner von ganzem Herzen so manchen Köchen und Caterern für die zahlreichen Anregungen.

Ihnen wünsche ich vor allem Spaß bei der Zubereitung der „Leckeren Nudelsalat-Rezepte"... und Gäste, die Ihre kulinarische Kreativität neidlos anerkennen.

Mario Dieringer

INHALT

Mit Fleisch oder Käse

Vegetarisch

NUDELN SELBER MACHEN

Wer sich die Mühe machen will, die Nudeln selbst herzustellen, wird seine Gäste mit einem besonders leckeren Nudelsalat überraschen. Das ist zwar ein wenig Arbeit, doch die Mühe lohnt sich auf jeden Fall. Kulinarische Geschmackserlebnisse auf hohem Niveau und die Anerkennung der geladenen Gäste locken als Belohnung. Damit verbunden ist gegebenenfalls auch die Bitte, zum nächsten Grillabend doch diesen extrem leckeren Nudelsalat mitzubringen …

Wer Nudeln selbst fabrizieren will, muss weder ein Viersternekoch sein, noch benötigt er eine Haute-Cuisine-Ausbildung. Es genügen eine normal entwickelte Armmuskulatur und Ausdauer. Wer da zweifelt, dem rate ich alternativ zu einer Nudelmaschine, die es schon für wenige Euro im Handel zu kaufen gibt. Damit lässt sich der Nudelteig bedeutend leichter kneten als in kräftezehrender Handarbeit. Vorsicht bitte beim Einsatz von Küchenmaschinen: Dem schweren Teig sind die handelsüblichen Küchenhelfer oftmals nicht gewachsen, und sie geben dann schnell auf.

SO GEHT'S MIT DER NUDELMASCHINE

Angenommen, Sie bringen eine Nudelmaschine zum Einsatz. Dann vermengen Sie zunächst einmal die Zutaten und kneten von Hand einen halbwegs ordentlichen Teig. Bleibt der Teig an den Händen kleben, ist er zu feucht. In diesem Fall geben Sie einfach etwas Mehl hinzu. Ist der Teig zu trocken und zu hart, geben Sie so lange Wasser dazu, bis Sie eine geschmeidige Masse erhalten. Danach nehmen Sie ein Stück des Teigs ab und schicken ihn bei größter Walzenöffnung durch die Nudelmaschine. Das Ergebnis wird zusammengefaltet und wieder durch die Maschine gerollt. Diesen Vorgang wiederholen Sie fünf- bis siebenmal. Die Walzen glätten die Teigmasse nicht nur und bringen sie auf die gewünschte Höhe, sondern der Nudelteig wird dabei gleichzeitig auch etwas geknetet. Erst wenn der Teig mehrere Male gewalzt wurde, können Sie mit dem Formen der Nudeln beginnen. Dazu verringern Sie den Walzenabstand Schritt für Schritt und walzen Ihre Teigplatte jeweils einmal durch die Maschine. Hat Ihre Teigplatte die gewünschte Dicke, schneiden Sie sie auf eine Länge von 25 cm zurecht und geben den Teig durch die Schneidwalzen. Falls die Schneidwalzen den Teig nicht schneiden, bedeutet das, dass Ihr Teig zu weich ist. Dann geben Sie mehr Mehl dazu und wiederholen den gesamten Vorgang. Ist der Teig zu trocken, kann es ebenfalls Schwierigkeiten beim Schneiden geben: In diesem Fall müssen Sie noch Wasser hinzugeben.

Wenn alles glattgeht und die Nudelmaschine zu Ihrer Zufriedenheit ihren Dienst verrichtet, heißt das für Sie: Sie haben einen sensationellen Teig gezaubert und erhalten wunderbare Nudeln, die Sie für mindestens eine Stunde zum Trocknen auslegen sollten. Danach können Sie sie entweder direkt kochen oder bis zu zwei Wochen an einem kühlen und trockenen Ort lagern. Gekocht werden die Nudeln in ausreichend Salzwasser (siehe Kap. „Nudeln richtig kochen", Seite 6). Geben Sie die Pasta in das kochende Wasser, und rühren Sie ab und an ganz vorsichtig um. Wenn die Nudeln gar sind (nach ca. zwei bis fünf Minuten), steigen sie an die Wasseroberfläche. Anschließend vorsichtig abgießen!

NUDELN RICHTIG KOCHEN

Eine gute Pasta sollte al dente, d. h. bissfest gekocht werden. Mit
Nudeln aus Hartweizenmehl gelingt das in der Regel ganz gut, was man
von Eiernudeln nicht immer behaupten kann. Wenn Spätzle, Fettucine
oder Tagliatelle beispielsweise zu lange gekocht werden, werden sie
matschig, sind nicht mehr besonders appetitlich anzuschauen und
„zergehen" auf der Zunge: für Nudeln wahrlich kein kulinarischer
„Ritterschlag".

IST DER TOPF GROSS GENUG?

Prinzipiell sollte der Topf, in dem die Nudeln gekocht werden, groß
genug sein: Das Mengenverhältnis Wasser – Nudeln sollte 3:1 betragen.
Wenn das Wasser brodelt, geben Sie erst genug Salz und dann erst die
Nudeln hinzu. Ganz wichtig: Verschließen Sie während des Kochvorgangs niemals den Topf. Omas Trick, dass ein Schuss Öl das Verkleben
der Nudeln verhindert, gehört ins Reich der Märchen. Die Nudeln
werden nach dem Abgießen im Zuge der Abkühlung trotzdem zu einem
festen Klumpen mutieren. Das Öl verhindert allenfalls das Überkochen
des Nudelwassers. Und um dieses zu vermeiden, rate ich eher, einfach
den Topf nicht bis unter den Rand mit Wasser zu füllen und während
des Kochvorgangs einen hölzernen Kochlöffel quer über den Topf zu
legen.

ANGEGEBENE GARZEIT – NUR EIN RICHTWERT

Die auf der Nudelpackung angegebene Garzeit ist nur ein Richtwert,
den Sie wenigstens ein bis zwei Minuten vor dem Ende der Kochzeit einmal kontrollieren sollten. Fischen Sie eine Nudel aus dem Wasser, und
probieren Sie, ob sie bissfest ist. Wenn ja: abgießen. Oft ist zu lesen,
dass die Nudeln anschließend in kaltem Wasser abgeschreckt werden
sollten. Leider hat sich diese „Abschreck-Praxis" in deutschen Küchen
eingebürgert. Die Folge: Ich bekomme oft eiskalte Pasta mit schnell
erkaltender Sauce serviert. **Mein Tipp:** Sie sollten die gekochten Nudeln
niemals abschrecken, sondern stattdessen mit den Vorbereitungen für
Ihren Nudelsalat so weit gediehen sein, dass Sie alle Zutaten, inklusive
Dressing, sofort zu den noch heißen Nudeln geben können. Anschließend vermengen Sie die Zutaten und stellen Ihren Nudelsalat zum
Abkühlen in den Kühlschrank. Die Energiesparer unter Ihnen werden
vielleicht angesichts dieses „Frevels" empört aufschreien. Probieren Sie
es trotzdem aus. Sie werden feststellen, dass die noch heißen Nudeln
das Dressing hervorragend aufsaugen und speichern. Wenn Sie Ihren
Nudelsalat dann servieren, wird er einfach himmlisch schmecken.

KALT ABSCHRECKEN – BESSER NICHT!

Mit kaltem Wasser abgeschreckte Nudeln hingegen verlieren die Fähigkeit, Marinade aufzunehmen. Kalte Nudeln sorgen dafür, dass z. B. bei heißen Nudelgerichten die feine Pasta-Sauce schnell erkaltet, der Käse nicht mehr richtig schmilzt usw. Mit anderen Worten: Das Nudelgericht, das Sie mit Enthusiasmus und Ehrgeiz zubereitet haben – und das gilt selbstverständlich auch für Ihren Nudelsalat –, hält geschmacklich nicht mehr das, was Sie sich von ihm versprochen und worauf Sie sich gefreut haben.

Damit heiße Nudeln nicht zusammenkleben, geben Sie anschließend einen ordentlichen Schuss Olivenöl darüber. Optimal ist es, wenn Sie das Dressing zubereiten, während die Nudeln noch kochen. Dann heißt es: Nudeln abgießen und sofort mit allen Zutaten samt Dressing vermengen. Voilà: Das ist der perfekte Weg zu einem gelungenen Nudelsalat. Keine Regel ohne Ausnahme: Dort, wo es Ihrem Nudelsalat eher zugutekommt, wenn Sie die Nudeln vorher abschrecken, weise ich im Rezept ausdrücklich darauf hin.

ZU DEN NACHFOLGENDEN REZEPTEN:

Ich verwende grundsätzlich Nudeln aus Hartweizenmehl, weil mir „al dente" einfach am besten schmeckt. Bei den hier vorliegenden Rezepten bin ich immer von 250 Gramm Nudeln ausgegangen. Zusammen mit allen weiteren Zutaten kommt man damit in der Regel auf eine Menge, die als Beilage für sechs bis acht Personen oder als Hauptspeise für vier Personen reicht.

Mit Fleisch

oder Käse

Bologneser Nudelsalat

MIT MORTADELLA & OLIVEN

ZUTATEN
250 g grüne Muschelnudeln
150 g Mortadella in Scheiben
½ rote Paprikaschote
½ gelbe Paprikaschote
10 schwarze Oliven
1 Bund frische Kräuter (Schnittlauch, Petersilie,
Basilikum, Oregano, Salbei)
50 ml Rotweinessig
100 ml Tomatenketchup
25 ml Cognac
100 ml Olivenöl
1 Knoblauchzehe, gepresst
½ TL mittelscharfes Paprikapulver
Salz, Pfeffer

Bologneser Nudelsalat

MIT MORTADELLA & OLIVEN

ZUBEREITUNG

Die Mortadella in Streifen schneiden. Paprikaschoten abwaschen, entkernen, von den weißen Innenhäuten befreien und ebenfalls in Streifen schneiden. Dann die Oliven entkernen und in feine Ringe schneiden.
Die Muschelnudeln al dente kochen und anschließend mit allen anderen Zutaten in eine Schüssel geben.

FÜR DAS DRESSING

Die Kräuter waschen, mit Küchenkrepp trocken tupfen und klein hacken. Dann zusammen mit Essig, Ketchup, Cognac, Olivenöl, Knoblauch und Paprikapulver in eine Schüssel geben. Die Marinade mit einem Schneebesen sorgfältig verrühren. Dann unter die Nudeln heben und alles gut vermengen. Abschließend mit Salz und Pfeffer abschmecken. Vor dem Servieren mindestens eine Stunde im Kühlschrank durchziehen lassen.

ZUTATEN

250 g Glasnudeln
350 g Putenbrust
1 Bund Frühlingszwiebeln
150 g Kürbisfleisch
1 Stück Ingwerwurzel
(mittlere Größe)
1 Bund Petersilie
2 Chilischoten
2 EL Zitronensaft
3 EL Sojasauce
Salz, Zucker
Olivenöl

Chinesischer Glasnudelsalat

MIT PUTENBRUST & INGWER

ZUBEREITUNG

Die Putenbrust in Würfel oder Streifen schneiden und mit etwas Olivenöl in der Pfanne gut anbraten. Die Frühlingszwiebeln putzen, waschen
und in feine Ringe schneiden, das Kürbisfleisch würfeln und den Ingwer
raspeln. Die Petersilie waschen, mit Küchenkrepp trocken tupfen und
zusammen mit den entkernten Chilischoten fein hacken.
Glasnudeln nach Packungsanweisung kochen und alle Zutaten in eine
Schüssel geben.

FÜR DAS DRESSING

Den Zitronensaft mit der Sojasauce verrühren, mit Salz und Zucker
abschmecken und über den Salat geben. Abschließend gut vermengen.

Tipp: *Lauwarm serviert, schmeckt dieser Salat am besten.*

Chinesischer Glasnudelsalat

MIT PUTENBRUST & INGWER

Hessischer Nudelsalat

MIT KASSLER & ERBSEN

ZUTATEN
250 g Hörnchennudeln
300 g vom Kassler Lachs
½ Dose Mais
1 grüne Paprika
1 kleiner Bund Schnittlauch
1 kleiner Bund Frühlingszwiebeln
100 g frische Erbsen
3 EL Sonnenblumenöl
3 EL Kräuteressig
2 EL Remoulade
Salz, Pfeffer

Hessischer Nudelsalat

MIT KASSLER & ERBSEN

ZUBEREITUNG

Kassler in einem halben Liter siedendem Wasser für 20 Minuten gar ziehen lassen. Den Mais abgießen und waschen. Paprika halbieren, waschen, Kerne und Innenhäute entfernen und würfeln. Den Schnittlauch und die Frühlingszwiebeln waschen und in Röllchen schneiden. Die Erbsen können roh dazugegeben oder acht bis fünfzehn Minuten in Salzwasser gekocht werden. Dann anschließend kurz ins Eiswasser tauchen, damit sie ihre intensive grüne Farbe behalten. Hörnchennudeln al dente kochen. Alle Zutaten in eine Schüssel geben.

FÜR DAS DRESSING

In einer separaten Schüssel aus Kräuteressig, Sonnenblumenöl und Remoulade eine sämige Sauce rühren. Mit Pfeffer abschmecken, über die Nudeln geben und gut vermengen. Das gar gezogene Kassler in feine Streifen schneiden. Das Fleisch den Nudeln hinzufügen, abschließend noch einmal alles gründlich mischen. Bei Bedarf nachsalzen.

ZUTATEN

250 g Hörnchennudeln
300 g Fleischwurst
200 g Gewürzgurken
6 EL Miracel Whip
250 g Naturjoghurt
2 EL Meerrettich aus dem Glas
4 EL Gurkenwasser
Salz, Pfeffer
2 Kästchen Kresse

Hörnchennudel-Salat

MIT KRESSE & MEERRETTICH

ZUBEREITUNG

Die Fleischwurst würfeln und Gewürzgurken in feinere Stifte schneiden. Die Hörnchennudeln al dente kochen. Alle Zutaten zusammen mit den Nudeln in eine Schüssel geben.

FÜR DAS DRESSING

Miracel Whip mit Joghurt, Meerrettich und Gurkenwasser verrühren und mit Salz und Pfeffer abschmecken. Die Marinade über die Nudeln geben und den Salat gründlich vermengen. Abschließend die Kresse über dem Salat verteilen und sofort servieren.

Hörnchennudel-Salat

MIT KRESSE & MEERRETTICH

Indonesischer Nudelsalat

MIT ERDNÜSSEN & AUSTERNSAUCE

Indonesischer Nudelsalat

MIT ERDNÜSSEN & AUSTERNSAUCE

ZUBEREITUNG

Möhre, Zucchini und Paprika (weiße Innenhäute und Kerne
entfernen) gründlich abwaschen. In Streifen schneiden und in
kochendem Wasser 5 Minuten garen. Dann das gekochte
Hühnerfleisch in kleine Stücke schneiden.
Spaghettini in 3 Teile brechen und al dente kochen. Alle
Zutaten in eine Schüssel geben.

FÜR DAS DRESSING

In einer separaten Schüssel Sojasauce, Rapsöl, Austernsauce
und Essig verrühren. Danach den Koriander untermischen. Die
Salatsauce über die Nudeln gießen, alles sorgfältig vermengen
und mit Salz und Pfeffer abschmecken. Zu guter Letzt die
Erdnüsse über den Salat streuen. Vor dem Servieren den Salat
bei Zimmertemperatur ca. eine Stunde ziehen lassen.

Italienischer Antipasti-Salat

MIT BÜFFELMOZZARELLA & BASILIKUM

ZUBEREITUNG

Büffelmozzarella würfeln und die Tomaten waschen, von den Stielansätzen befreien, aber ansonsten ganz belassen. Die Oliven entkernen und in Ringe schneiden.
Fettuccine al dente kochen. Alle Zutaten in eine große Schüssel geben.

FÜR DAS DRESSING

Essig, Öl und Basilikum-Pesto zu einer sämigen Sauce verrühren und gründlich mit den Nudeln vermengen. Den Salat über Nacht im Kühlschrank durchziehen lassen. Vor dem Servieren die frischen Basilikumblätter klein rupfen und unter den Salat heben. Eventuell das Ganze mit etwas Salz abschmecken. Den frisch gemahlenen Pfeffer erst nach dem Servieren über den Salat geben.

Italienischer Antipasti-Salat

MIT BÜFFELMOZZARELLA & BASILIKUM

Pesto-Nudelsalat

MIT SCHAFSKÄSE & TOMATEN

ZUBEREITUNG

Die Tomaten waschen, entkernen und von den Stielansätzen befreien. Anschließend Tomaten und Schafskäse würfeln.

Spaghettoni al dente kochen. Alle Zutaten in eine Schüssel geben.

Anschließend das Pesto unterheben und das Ganze gründlich vermengen. Die Basilikumblätter waschen, mit Küchenkrepp trocken tupfen, fein hacken und über den Salat geben. Vor dem Servieren eine Stunde ziehen lassen.

Pesto-Nudelsalat

MIT SCHAFSKÄSE & TOMATEN

Reisnudelsalat

MIT CHINAGEWÜRZ & HACKFLEISCH

ZUTATEN

250 g Reisnudeln
250 g gemischtes Hackfleisch
½ Gemüsezwiebel
2 Knoblauchzehen
1 Ei
Chinagewürz
1 EL Butterschmalz
1 rote Paprika
1 grüne Paprika
Salz, Pfeffer
Sojasauce

Reisnudelsalat

MIT CHINAGEWÜRZ & HACKFLEISCH

ZUBEREITUNG

Die Zwiebel würfeln, Knoblauchzehen durchpressen und das Ei verquirlen. Mit dem Hackfleisch und Chinagewürz (Menge nach Geschmack) vermengen. Die Hackmischung gut durchkneten und anschließend in Butterschmalz braten, bis sie krümelig wird.

Reisnudeln nach Packungsanweisung kochen. Paprika waschen, von Kernen und weißen Innenhäuten befreien und würfeln. Dann mit den Reisnudeln und der Hackmischung zusammen in eine große Schüssel geben. Gut vermengen und mit Salz, Pfeffer und Sojasauce abschmecken.

Tipp: *Die Reisnudeln noch warm zum Hackfleisch geben. Dann schmeckt der Salat am besten.*

Rigatoni-Salat

MIT HACKFLEISCH & GRÜNEN BOHNEN

ZUBEREITUNG

Grüne Bohnen in Salzwasser kochen, bis sie bissfest sind. In Eiswasser abschrecken, so behalten sie ihre kräftige grüne Farbe. Die Paprika halbieren, entkernen, von den Innenhäuten befreien, waschen und in kurze Streifen schneiden. Die Zwiebel fein würfeln und die Peperoni in dünne Ringe schneiden. Das Hackfleisch zusammen mit den Zwiebelwürfeln und Peperoniringen in Öl (4 EL) krümelig braten. Tomatenketchup hinzugeben und mit Paprikapulver, Salz und Pfeffer abschmecken. Rigatoni al dente kochen. Alle Zutaten in eine Schüssel geben.

FÜR DAS DRESSING

Essig und Zitronensaft mit dem restlichen Öl zu einer Sauce verrühren und über die Nudel-Hack-Mischung geben. Den Nudelsalat gut vermengen und vor dem Servieren mindestens 15 Minuten durchziehen lassen.

Rigatoni-Salat

MIT HACKFLEISCH & GRÜNEN BOHNEN

Rigatoni-Salat

MIT KNOBLAUCH & SPECK

250 g Rigatoni
200 g Speck (auch geräuchert)
1 Zucchino
2 Zwiebeln
3 EL Kräuteressig
3 EL Öl
5 Knoblauchzehen, gehackt
Salz, Pfeffer

Rigatoni-Salat

MIT KNOBLAUCH & SPECK

ZUBEREITUNG

Den Speck würfeln und in der Pfanne kross anbraten. Den Zucchino und Zwiebeln würfeln, hinzugeben und mitdünsten.
Rigatoni al dente kochen. Alle Zutaten in eine Schüssel geben.

FÜR DAS DRESSING

Essig, Öl, Knoblauch, Salz und Pfeffer mit dem Rührgerät mixen. Über den Salat geben und alles gründlich vermengen. Der Salat schmeckt sowohl warm als auch kalt hervorragend.

Serrano-Nudelsalat

MIT TABASCO & JAMON (SCHARF)

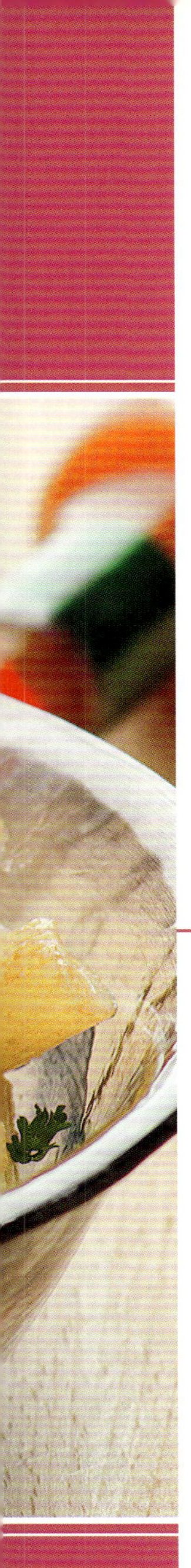

ZUTATEN

250 g Rigatoni
100 g Jamon (Serrano-Schinken)
2 Tomaten
1 Zwiebel
1 EL gehackte Petersilie
100 g grüne Oliven
100 g Feta
1 TL Kapern
1 EL Balsamico-Essig
2 EL Olivenöl
3 Spritzer Tabasco
Salz, Pfeffer

Serrano-Nudelsalat

MIT TABASCO & JAMON (SCHARF)

ZUBEREITUNG

Tomaten waschen, entkernen und die Stielansätze entfernen. Tomaten, Feta und die Zwiebel fein würfeln, die Oliven entkernen und in Ringe schneiden. Die Scheiben vom Serrano-Schinken in mundgerechte Stückchen zupfen.
Rigatoni al dente kochen. Alle Zutaten (Kapern ohne Marinade) in eine Schüssel geben.

FÜR DAS DRESSING

Essig mit Olivenöl und Tabasco verrühren und über die Nudeln geben. Den Salat gründlich vermengen und mit Salz und Pfeffer abschmecken. Abschließend die gehackte Petersilie darübergeben. Vor dem Servieren zwei Stunden ziehen lassen.

Spätzle-Salat

MIT SPECK & PAPRIKA

ZUBEREITUNG

Speck ohne Fett in der Pfanne auslassen und kross anbraten. Paprika waschen, entkernen, von den weißen Innenhäuten befreien und würfeln. Anschließend die Spätzle (nicht zu weich) kochen. Alle Zutaten in eine Schüssel geben.

FÜR DAS DRESSING

Aus Essig, Öl und Senf eine Sauce rühren. Anschließend mit Salz und Pfeffer abschmecken und über die Spätzle geben. Alles gut vermengen. Der Salat sollte mindestens 20 Minuten ziehen und noch warm sein, wenn er serviert wird.

Spätzle-Salat

MIT SPECK & PAPRIKA

Spiralnudel-Salat

MIT KRÄUTERFRISCHKÄSE & ESTRAGON

ZUTATEN

200 g Spiralnudeln
200 g Fleischwurst
1 kleine Dose Erbsen
1 Dose ganze Champignons
1 Glas Gewürzgurken
1 große Gemüsezwiebel
1 Becher Schmand oder Crème fraîche
150 g Kräuterfrischkäse
1 TL Estragon
1 EL Weißweinessig
Paprikapulver, süß und scharf
Salz, Pfeffer

Spiralnudel-Salat
MIT KRÄUTERFRISCHKÄSE & ESTRAGON

ZUBEREITUNG

Fleischwurst in kleine Würfel schneiden. Erbsen, Champignons und Gurken absieben, dabei jeweils den Sud auffangen, und klein schneiden. Die Gemüsezwiebel klein würfeln und den Estragon klein hacken. Spiralnudeln al dente kochen. Alle Zutaten, mit Ausnahme des Estragons, in eine Schüssel geben.

FÜR DAS DRESSING

Schmand, Kräuterfrischkäse und Estragon in eine separate Schüssel geben und den Essig hinzufügen. Dann jeweils die Hälfte des aufgefangenen Suds der Erbsen, Champignons und Gewürzgurken hinzugeben und anschließend mit dem Rührgerät zu einer gleichmäßigen Sauce verrühren. Mit dem Paprikapulver (nach Belieben), Salz und Pfeffer abschmecken. Die Sauce über den Salat geben und alles gründlich vermengen. Über Nacht ziehen lassen, damit die Nudeln das Dressing aufnehmen können.

Toskanischer Gnocchi-Salat

MIT PUTENBRUST & BASILIKUM

ZUBEREITUNG

Die Gnocchi in reichlich Salzwasser kochen und danach in kaltem
Wasser abschrecken. Die Putenbrust und Knoblauchzehen würfeln.

Die Putenbrust zusammen mit dem Knoblauch in Olivenöl braten, bis
sie gar ist. Dann aus der Pfanne nehmen und mit Küchenkrepp abtupfen.
Die Salatgurke entkernen, die Paprikahälften entkernen und von den
weißen Innenhäuten befreien. Beide Zutaten in dünne, kurze Streifen
schneiden. Den Mais im Sieb unter klarem Wasser abspülen und
abtropfen lassen. Alle Zutaten mit den Gnocchi in eine Schüssel geben.

Abschließend die Pastasauce unterheben und mit Salz, Pfeffer und
Chilipulver abschmecken. Mindestens eine Stunde ziehen lassen. Vor
dem Servieren die Basilikumblätter waschen, trocken tupfen, klein
schneiden und über dem Salat verteilen.

Tipp: *Seien Sie mit dem Chili nicht zu sparsam, denn eine gewisse Schärfe
schadet dieser Salatvariation absolut nicht.*

Toskanischer Gnocchi-Salat

MIT PUTENBRUST & BASILIKUM

Mit Fisch

ZUTATEN
250 g Castellane
3 EL Kaviar
1 Bund Schnittlauch
1 Zitrone (unbehandelt)
6 EL Crème fraîche
Salz, grüner Pfeffer (frisch
gemahlen)

Castellane-Kaviar-Salat

MIT SCHNITTLAUCH & ZITRONENCREME

ZUBEREITUNG

Castellane al dente kochen und unbedingt kalt abschrecken. Den Schnittlauch in feine Röllchen schneiden. Beides zusammen in eine Schüssel geben.

FÜR DAS DRESSING

Die unbehandelte Zitrone waschen und von der Schale eine zwei Teelöffeln entsprechende Menge abreiben. Die Zitrone halbieren und den Saft einer ½ Zitrone wie den Schalenabrieb zur Crème fraîche geben. Mit Salz und viel grünem Pfeffer würzen und gut verrühren. Unter die Castellane heben und alles gründlich vermengen.

Abschließend zwei Esslöffel Kaviar sehr vorsichtig unterheben (der Kaviar wird sonst zerdrückt). Für die Garnitur den restlichen Kaviar auf dem Nudelsalat verteilen.

Tipp: *Es gibt viele Kaviarsorten. Für dieses Rezept muss es nicht unbedingt die Stör-Variante sein.*

Castellane-Kaviar-Salat

Heringsnudelsalat

MIT ERBSEN & MAIS

250 g Spiralini
1 Zwiebel
3 saure Gurken
1 eingelegte rote Paprika
(oder zur Not 1 frische Paprika)
75 g Erbsen aus der Dose
75 g Mais aus der Dose
2 Dosen Hering in Tomatensauce à 200 g
Salz, Pfeffer

Heringsnudelsalat

MIT ERBSEN & MAIS

ZUBEREITUNG

Die Zwiebeln abziehen und wie die sauren Gurken fein würfeln. Paprika abtropfen lassen und ebenfalls in kleine Würfel schneiden. Frische Paprika vor dem Kleinschneiden entkernen, von den Innenhäuten befreien und gründlich waschen.

Mais und Erbsen abgießen, abtropfen lassen und mit kaltem Wasser abspülen. Die Heringe in der Tomatensauce mit Hilfe einer Gabel zerkleinern. Die Spiralini bissfest kochen. Abschließend alle Zutaten in eine große Schüssel geben und mischen. Mit Salz und Pfeffer abschmecken.

Vor dem Servieren mindestens zwei Stunden im Kühlschrank durchziehen lassen.

Nordischer Nudelsalat

MIT RÄUCHERFISCH & SAHNEMEERRETTICH

ZUTATEN
250 g Conchiglie Rigate
200 g Räucherfisch
½ Salatgurke
2 Staudensellerie
1 EL Salatmayonnaise
100 g saure Sahne
1 EL mittelscharfer Senf
2 EL Mango-Chutney
½ EL Sahnemeerrettich
1 EL weißer Balsamico-Essig
¼ Bund Dill
Salz, Pfeffer

Nordischer Nudelsalat

MIT RÄUCHERFISCH & SAHNEMEERRETTICH

ZUBEREITUNG

Den Räucherfisch von seinen Gräten befreien und würfeln. Die Salatgurke waschen, entkernen und in feine Streifen hobeln, den Staudensellerie waschen und in dünne Scheiben schneiden. Die Conchiglie Rigate al dente kochen. Alle Zutaten mit den Nudeln in eine Schüssel geben.

FÜR DAS DRESSING

Die Salatmayonnaise mit saurer Sahne, Senf, Mango-Chutney, Sahnemeerrettich und Essig zu einer sämigen Salatsauce verrühren. Mit Salz und Pfeffer abschmecken.

Dill waschen, mit Küchenkrepp trocken tupfen, fein hacken und zusammen mit der Salatsauce über die Nudeln geben. Den Salat nochmals gut vermengen und mindestens zwei Stunden durchziehen lassen, damit sich das Aroma des Räucherfisches gut entfalten kann.

ZUTATEN

250 g Glasnudeln
250 g Rinderhackfleisch
250 g vorgekochte Shrimps, ohne Schalen
10 getrocknete chinesische Pilze (für
20–25 min in heißem Wasser einweichen)
1,5 Stangen Staudensellerie
5 Frühlingszwiebeln
2 Tomaten
¾ Salatgurke
3 Chilischoten
7 EL Fischsauce
4 EL Sojasauce
5 EL Limettensaft
1,5 EL brauner Zucker
5 EL Sojaöl
2 EL Erdnüsse, geröstet, ungesalzen

Pekinger Glasnudelsalat

MIT CHINESISCHEN PILZEN & SHRIMPS

ZUBEREITUNG

Pilze in feine Streifen, Staudensellerie und Frühlingszwiebeln in dünne Röllchen schneiden. Die Tomaten von den Stielansätzen befreien, entkernen und würfeln. Dann die Salatgurke entkernen und in feine Stifte hobeln. Die Shrimps waschen. Das Hackfleisch zusammen mit einem Drittel der Fischsauce und der Sojasauce im Sojaöl krümelig anbraten.
Glasnudeln nach Packungsanweisung kochen. Alle Zutaten in eine Schüssel geben.

FÜR DAS DRESSING

Die vorher entkernten und in feine Scheiben geschnittenen Chilis zusammen mit der restlichen Fischsauce, dem Limettensaft, Zucker und der restlichen Sojasauce verrühren und über den Salat geben. Den Nudelsalat gründlich durchmengen und vor dem Servieren mit den vorher klein gehackten Erdnüssen bestreuen.

Tipp: *Der Salat schmeckt am besten, wenn er noch warm serviert wird.*

Pekinger Glasnudelsalat

MIT CHINESISCHEN PILZEN & SHRIMPS

250 g Spaghetti
200 g Thunfisch in Öl (Dose)
1 kleine Dose Mais
4 EL Miracel Whip
2 EL Curryketchup
2 EL Tomatenketchup
Salz, Pfeffer

Spaghetti-Salat

MIT THUNFISCH & MAIS

ZUBEREITUNG

Den Thunfisch in kleine Stücke zerpflücken,
den Mais abtropfen lassen und abwaschen.
Spaghetti in 3 Teile brechen und al dente kochen.
Mit dem Thunfisch und Mais in eine Schüssel
geben.

FÜR DAS DRESSING

Miracel Whip, Curry- und Tomatenketchup zu
einer Sauce verrühren und mit Salz und Pfeffer
abschmecken. Wer das Dressing gern flüssiger
hat, kann noch etwas vom aromatischen Thun-
fischöl hinzugeben. Den Spaghetti-Salat gut
vermengen und vor dem Servieren mindestens
vier Stunden durchziehen lassen.

Spaghetti-Salat

MIT THUNFISCH & MAIS

Tagliatelle-Salat

MIT SARDELLENFILETS & KAPERN

ZUTATEN

250 g Tagliatelle
½ Karotte
10 Sardellenfilets
1 TL Kapern
3 Knoblauchzehen
1 EL Rotweinessig
2 EL Olivenöl
1 EL Rotwein
Salz, Pfeffer

Tagliatelle-Salat
MIT SARDELLENFILETS & KAPERN

ZUBEREITUNG

Die halbe Karotte raspeln und die Sardellenfilets in kleine mundgerechte Stücke schneiden. Tagliatelle in 3 Teile brechen und al dente kochen. Anschließend die Nudeln zusammen mit den Sardellen in eine Schüssel geben.

FÜR DAS DRESSING

Die Kapern und Knoblauchzehen mit einer Gabel zerdrücken und mit Essig, Rotwein und Öl verrühren. Die Sauce über die Tagliatelle geben und alles gründlich vermengen. Mit Salz und Pfeffer abschmecken. Abschließend die geraspelte Karotte über den Salat streuen. Vor dem Servieren mindestens zwei Stunden im Kühlschrank durchziehen lassen.

Tortellini-Salat

MIT THUNFISCH & SCHAFSKÄSE

ZUBEREITUNG

Den Thunfisch abtropfen lassen und mit einer Gabel zerdrücken.
Zwiebeln abziehen und fein würfeln. Paprika halbieren, entkernen,
von den Innenhäuten befreien, gründlich abwaschen und in
dünne Stifte schneiden. Die Tomaten halbieren, von den Stielansätzen befreien und in dünne Scheiben schneiden.

Den Schafskäse würfeln. Kapern der Marinade entnehmen und
abtropfen lassen. Tortellini nach Packungsanweisung bissfest
kochen. Danach alle Zutaten zusammen in eine große Schüssel
geben.

FÜR DAS DRESSING

Den Joghurt mit Salz, Pfeffer und Paprikapulver abschmecken, gut
verrühren und über den Nudelsalat geben. Das Ganze vorsichtig
vermengen. Den Nudelsalat mindestens zwei Stunden im Kühlschrank ziehen lassen.

Vor dem Servieren die Petersilie frisch hacken und über den Salat
streuen.

Tortellini-Salat

MIT THUNFISCH & SCHAFSKÄSE

Belitzer Nudelsalat

MIT GRÜNEM SPARGEL & ERBSEN

Belitzer Nudelsalat

MIT GRÜNEM SPARGEL & ERBSEN

ZUBEREITUNG

Gabelspaghetti al dente kochen, anschließend mit Gemüsebrühe übergießen und 30 Minuten ruhen lassen. Währenddessen den grünen Spargel abwaschen, in mundgerechte Stücke schneiden und in Salzwasser mit Butter ca. 10 Minuten garen. Erbsen und Mais abgießen und waschen. Die Paprika waschen, entkernen, von den Innenhäuten befreien und würfeln.

FÜR DAS DRESSING

Gabelspaghetti absieben und die Gemüsebrühe auffangen. Diese mit Senf, Zitronensaft, Essig und Öl zu einer Marinade verrühren und wieder über die Gabelspaghetti geben. Zusammen mit allen anderen Zutaten gut vermengen und mindestens 30 Minuten durchziehen lassen. Vor dem Servieren nochmals durchmischen und mit Pfeffer abschmecken.

Chinanudel-Salat

MIT KORIANDER & LIMETTENSAFT

ZUBEREITUNG

Die Salatgurke nach Belieben fein hobeln, würfeln oder in Stifte schneiden. Aus der Paprikaschote die Kerne und weißen Innenhäute entfernen. Paprika in feine Stifte und Frühlingszwiebeln nach dem Putzen in feine Röllchen schneiden. Anschließend den frischen Koriander sehr fein hacken oder mit Hilfe einer Kräutermühle zerkleinern.
Chinesische Nudeln nach Packungsanweisung kochen. Alle Zutaten in eine Schüssel geben.

FÜR DAS DRESSING

Die Peperoni in sehr feine Ringe schneiden und zusammen mit Limettensaft, Sojasauce und Sesamöl verrühren und über die Nudeln geben. Den Salat gründlich vermengen und vor dem Servieren wenigstens zwei Stunden ziehen lassen.

Chinanudel-Salat

MIT KORIANDER & LIMETTENSAFT

Frühlingsnudelsalat

MIT BRECHBOHNEN & FRISCHKÄSE

ZUTATEN

250 g Spiralnudeln
150 g TK-Brechbohnen
1 Dose Mais
250 g Rispen- oder Kirschtomaten
½ Salatgurke
1 Bund Schnittlauch
1 Bund Frühlingszwiebeln
1 Zwiebel
100 g saure Sahne
200 g Frischkäse
¼ Glas Mayonnaise
2 EL Apfelessig
Kräutersalz, weißer Pfeffer

Frühlingsnudelsalat

MIT BRECHBOHNEN & FRISCHKÄSE

ZUBEREITUNG

Die Tiefkühlbohnen mit kochendem Wasser überbrühen und so lange ziehen lassen, bis die Bohnen aufgetaut und gar sind. Den Mais abtropfen lassen und waschen. Die Tomaten von den Stielansätzen befreien und wie die Salatgurke entkernen und klein würfeln. Dann Schnittlauch und Frühlingszwiebeln waschen, trocken tupfen und in Röllchen schneiden. Die Zwiebel abziehen und würfeln.

Spiralnudeln al dente kochen. Alle Zutaten in eine Schüssel geben.

FÜR DAS DRESSING

Saure Sahne, Frischkäse, Mayonnaise und Essig zu einer Marinade verrühren. Mit Kräutersalz und Pfeffer abschmecken und über die Nudeln geben. Gründlich vermengen und vor dem Servieren mindestens eine Stunde durchziehen lassen.

Gemelli-Salat

MIT SPARGEL & ARTISCHOCKEN

ZUBEREITUNG

Den Spargel in 3 cm lange Stücke schneiden und im Salzwasser sechs bis acht Minuten kochen lassen. Anschließend in Eiswasser abschrecken, damit er seine intensive grüne Farbe behält. Die Artischockenherzen in kleine Stücke schneiden. Gemelli al dente kochen. Alle Zutaten in eine Schüssel geben.

FÜR DAS DRESSING

Die Zwiebel abziehen, klein hacken und mit dem Knoblauch zu den Tomatenstücken geben. Öl und Essig unterrühren und abschließend mit Salz und Pfeffer abschmecken. Die Salatsauce über die Nudeln geben und unterheben. Mindestens eine Stunde durchziehen lassen. Vor dem Servieren mit frischer gehackter Petersilie bestreuen.

Linguine-Salat

MIT RUCOLA & TOMATENSAFT

Linguine-Salat

MIT RUCOLA & TOMATENSAFT

ZUBEREITUNG

Aubergine, Fenchel, Paprika (vorher entkernen und Innenhäute entfernen) und Zucchini abwaschen, in dünne Scheiben schneiden und zusammen mit den Sojasprossen in Olivenöl anbraten. Noch in der Pfanne mit Salz und Pfeffer abschmecken.

Linguine al dente kochen. Alle Zutaten zusammen in eine Schüssel geben.

FÜR DAS DRESSING

Den Tomatensaft mit Balsamico-Essig und dem restlichen Olivenöl verrühren. Die Chilischote entkernen, sehr klein schneiden und hinzufügen. Für einen kräftigeren Geschmack eine kleine Menge von dem Bratensatz dazugeben. Anschließend das Dressing über die Linguine geben und alles gründlich vermengen. Vor dem Servieren mit Rucola-Blättern dekorieren.

Maccheroni-Salat

MIT BROKKOLI & EIERN

ZUBEREITUNG

Spargel in 3 cm lange Stücke schneiden (weißen Spargel vorher schälen) und in Salzwasser sechs bis acht Minuten bissfest kochen. Karotten und Zucchino waschen und in dünne Scheiben hobeln, Brokkoli waschen und in kleine Röschen zerpflücken. Dann die Karottenscheibchen in reichlich Salzwasser mit Butter mindestens 15 Minuten gar kochen. Zucchino und Brokkoli dazugeben und weitere fünf Minuten weich kochen. Das Gemüse anschließend gut abtropfen lassen.
Maccheroni al dente kochen. Alle Zutaten in eine Schüssel geben.

FÜR DAS DRESSING

Ein hart gekochtes Ei mit einer Gabel zerdrücken. Die übrigen vier Eier in Scheiben schneiden. Das zerdrückte Ei mit der gehackten Zwiebel und den Kräutern vermengen. Anschließend den Saft der Orangen hinzugeben und das Ganze mit Salz und Pfeffer abschmecken. Die Sauce über den Salat geben und unterheben. Die in Scheibchen geschnittenen Eier auf dem Salat dekorieren. Für mindestens 2 Stunden im Kühlschrank durchziehen lassen.

Maccheroni-Salat

MIT BROKKOLI & EIERN

Mu-Err-Nudelsalat

MIT CHINAKOHL & MANGOLD

Mu-Err-Nudelsalat

MIT CHINAKOHL & MANGOLD

ZUBEREITUNG

Asiatische Eiernudeln nach Packungsanweisung kochen. Paprika, Pilze, Chinakohl und Mangold putzen, waschen und in feine Streifen schneiden. Sesamöl in Wok oder Pfanne stark erhitzen und Paprika und Pilze kurz darin anrösten. Anschließend Chinakohl, Mangold und die Nudeln hinzugeben. Alles gut miteinander vermengen und stetig umrühren. Nach ca. fünf Minuten das Ganze aus Wok bzw. Pfanne herausheben und in eine Schüssel geben.

FÜR DAS DRESSING

Aus Knoblauch, der Austern- und Chilisauce, geriebenem Ingwer, Curry und Kurkuma eine Marinade rühren und über die Nudeln geben. Den Salat gründlich vermengen und noch heiß servieren.

ZUTATEN
250 g Paglia e Fieno
100 g getrocknete Tomaten,
in Öl eingelegt
500 g Zucchini
40 g Pinienkerne
200 g süße Sahne
2 Zwiebeln
1 großes Bund Basilikum
3 EL weißer Balsamico-Essig
Salz, Pfeffer

Paglia e Fieno Salat

MIT GETROCKNETEN TOMATEN & PINIENKERNEN

ZUBEREITUNG

Das Öl der getrockneten Tomaten in einer Pfanne erhitzen.
Die getrockneten Tomaten und Zwiebeln in Würfel schneiden,
die Zucchini in feine Stifte hobeln. Dann die Zwiebelwürfel in
dem erhitzten Öl glasig dünsten und die Zucchinistifte hinzugeben. Drei Minuten lang dünsten und mit der Sahne ablöschen.
Danach noch einmal kurz aufkochen lassen. Die Pfanne vom
Herd nehmen und die gewürfelten getrockneten Tomaten
hinzufügen.
Paglia e Fieno al dente kochen. Alle Zutaten mit den Nudeln
in eine Schüssel geben.

Mit Salz, Pfeffer und Essig abschmecken und ordentlich vermengen. Die Pinienkerne in einer Pfanne ohne Fett anrösten und
über den Salat streuen. Den Salat 15 Minuten durchziehen lassen
und noch lauwarm servieren.

Paglia e Fieno Salat

Penne-Rigate-Salat

MIT SONNENBLUMENKERNEN & HONIG

ZUBEREITUNG

Tomaten waschen, von den Stielansätzen befreien und wie die Salatgurke entkernen und würfeln. Den Mais abgießen und abspülen, die Radieschen gründlich putzen, abwaschen und halbieren. Die Zwiebel in feine Ringe schneiden. Kräuter waschen, mit Küchenkrepp trocken tupfen und fein hacken. Penne Rigate al dente kochen. Alle Zutaten (mit Ausnahme der Zwiebel und Kräuter) in eine Schüssel geben.

FÜR DAS DRESSING

Die Zwiebel zusammen mit den Kräutern, Balsamico- und Kräuteressig, Öl und Honig verrühren und mit den Nudeln vermengen. Mit Salz und Pfeffer abschmecken und im Kühlschrank mindestens zwei Stunden ziehen lassen. Vor dem Servieren die Sonnenblumenkerne ohne Fett in der Pfanne rösten und noch warm mit der Kresse über den Salat streuen.

Scharf-saurer Nudelsalat

MIT SENF & PARMESAN

ZUBEREITUNG

Tomaten waschen, von den Stielansätzen befreien und vierteln. Den Mozzarella würfeln und den Parmesan hobeln.
Farfalloni al dente kochen. Alle Zutaten (mit Ausnahme des Parmesans und des Feldsalats) in eine Schüssel geben.

FÜR DAS DRESSING

Essig, Öl, Senf und Honig zu einer sämigen Salatsauce verrühren. Mit Salz und Pfeffer abschmecken. Dann die Hälfte des Dressings unter den Salat heben. Den vorher geputzten und gewaschenen Feldsalat auf den Nudeln verteilen und die restliche Salatsauce darübergeben. Abschließend mit dem Parmesankäse dekorieren. Direkt servieren, denn warm schmeckt dieser Salat am besten.

Tipp: *Den Salat nicht zu lange stehen lassen, da sonst der Feldsalat relativ schnell zerfällt und unappetitlich ausschaut.*

Scharf-saurer Nudelsalat

MIT SENF & PARMESAN

Sommerlicher Pasta-Salat

MIT RADIESCHEN & ERBSEN

Sommerlicher Pasta-Salat

MIT RADIESCHEN & ERBSEN

ZUBEREITUNG

Den Eisbergsalat gründlich waschen, trocken schleudern und in dünne Streifen schneiden. Dann die Erbsen abtropfen lassen und abspülen. Die Radieschen putzen, waschen und in dünne Scheiben hobeln. Schleifchennudeln al dente kochen. Alle Zutaten in eine Schüssel geben.

FÜR DAS DRESSING

Die Mayonnaise mit Milch und Zitronensaft verrühren. Nach Geschmack salzen und pfeffern und mit den Nudeln vermengen. Sofort servieren, weil sonst der Eisbergsalat schnell nicht mehr appetitlich aussieht.

Mit Früchten

Ananas-Nudelsalat

MIT KOCHSCHINKEN & BANANEN

ZUBEREITUNG

Den Kochschinken klein würfeln und die Bananen in Scheiben schneiden. Mandarinen und Ananas gut abtropfen lassen, dabei den Fruchtsaft auffangen. Farfalle al dente kochen. Mit dem Kochschinken und den Früchten in eine Schüssel geben.

FÜR DAS DRESSING

Miracel Whip und den Saft der Ananas und Mandarinen mit dem Schneebesen cremig rühren. Die Sauce über den Nudelsalat geben und alles gut vermengen. Vor dem Servieren eine Stunde im Kühlschrank durchziehen lassen.

ZUTATEN
250 g Farfalle
1 Bund Rucola
100 g gelbe Cocktailtomaten
100 g rote Cocktailtomaten
100 g blaue Trauben
70 g Walnüsse oder Pinienkerne
4 EL würziges Olivenöl
2 EL süßer Balsamico-Essig
Meersalz
Pfeffer aus der Mühle

Farfalle-Trauben-Salat

MIT WALNÜSSEN & COCKTAILTOMATEN

ZUBEREITUNG

Rucola waschen, mit Küchenkrepp trocken tupfen und zerpflücken. Die Tomaten von den Stielansätzen befreien und wie die Trauben entkernen und halbieren. Die Walnüsse bzw. Pinienkerne in einer beschichteten Pfanne ohne Fett kurz anrösten.
Farfalle al dente kochen. Alle Zutaten in eine Schüssel geben.

FÜR DAS DRESSING

Essig und Olivenöl verrühren, mit Salz und Pfeffer abschmecken, über die Nudeln geben und alles gut vermengen. Sofort servieren, bevor der Rucola zerfällt.

Farfalle-Trauben-Salat

MIT WALNÜSSEN & COCKTAILTOMATEN

Indischer Nudelsalat

MIT MANGO-CHUTNEY

ZUTATEN

250 g Maccheroncini
3 Äpfel (Sorte nach Belieben)
3 rote Paprikaschoten
200 g Naturjoghurt
4 EL Mango-Chutney
3 EL Miracel Whip
Salz, Pfeffer, Curry

Indischer Nudelsalat

MIT MANGO-CHUTNEY

ZUBEREITUNG

Äpfel schälen, entkernen und würfeln. Paprikaschoten
waschen, entkernen, von den weißen Innenhäuten
befreien und in Stifte schneiden.
Die Maccheroncini zweimal brechen und al dente
kochen. Zusammen mit Äpfeln und Paprika in eine
Schüssel geben.

FÜR DAS DRESSING

Den Joghurt mit dem Mango-Chutney und Miracel
Whip zu einer sämigen Sauce verrühren. Anschließend
mit Salz, Pfeffer und Curry abschmecken. Das Dressing
über die Nudeln geben und alles gründlich vermengen.
Vor dem Servieren mindestens zwei Stunden durchziehen lassen.

250 g Orecchiette
200 g eingelegte Kirschen
200 g eingelegte Mirabellen
250 g frische oder
TK-Himbeeren
2 Bananen
3 EL gehackte Pistazien
2 EL Vanillinzucker
2 EL Zucker
400 ml süße Sahne

Orecchiette-Salat

MIT HIMBEEREN & SCHLAGSAHNE (SÜSS)

ZUBEREITUNG

Die eingelegten Kirschen und Mirabellen abtropfen lassen. Himbeeren waschen oder auftauen lassen und Bananen in Scheiben schneiden. Orecchiette al dente kochen. Zusammen mit den Früchten in eine Schüssel geben.

Dann die Sahne mit Zucker und Vanillinzucker steifschlagen und unter die Nudel-Frucht-Mischung heben. Im Kühlschrank mindestens zwei Stunden ziehen lassen und vor dem Servieren mit Pistazien bestreuen.

Orecchiette-Salat

MIT HIMBEEREN & SCHLAGSAHNE (SÜSS)

Trinkmilch-Farfalle

MIT BANANEN & KAROTTEN

ZUTATEN

250 g Farfalle
500 g Bananen
150 g Gouda am Stück
200 g gekochter Schinken
200 g Erbsen aus der Dose
200 g Karotten aus dem Glas
250 g Trinkmilchjoghurt
2 EL Salatmayonnaise
1 EL frischen bzw. TK-Dill
1 Prise Salz, Pfeffer, Zucker und
mild-aromatisches Currypulver
Saft einer ½ Zitrone

Trinkmilch-Farfalle

MIT BANANEN & KAROTTEN

ZUBEREITUNG

Bananen in Scheiben schneiden und Zitronensaft darüberträufeln, damit sie nicht braun werden. Anschließend mit Currypulver bestäuben. Den Käse würfeln und den gekochten Schinken in feine Streifen schneiden. Die Karotten und Erbsen abtropfen lassen, dabei den Sud jeweils zurückbehalten. Den Dill klein schneiden und die Farfalle bissfest kochen. Alle Zutaten in eine Schüssel geben.

FÜR DIE SALATSAUCE

Trinkmilchjoghurt mit der Mayonnaise und drei Esslöffeln des Karotten-Erbsen-Suds verrühren. Mit Salz, Pfeffer und Zucker abschmecken und unter die Nudeln heben.

Vor dem Servieren mindestens zwei Stunden im Kühlschrank abkühlen und ziehen lassen.

Gebratener Spargel

MIT PARMESAN

ZUTATEN

Pro Person:
300 g frischer Spargel
30 g Butter
3 EL geriebener Parmesan
2 Eier
Salz, Pfeffer

ZUBEREITUNG

Den Spargel waschen und schälen, die holzigen Enden abschneiden. In Salzwasser ca. 17 Minuten garen.

Butter in einer Pfanne schmelzen lassen. Den abgetropften Spargel und Parmesankäse hinzufügen. Unter Umwenden einige Minuten braten, mit Salz und Pfeffer würzen und auf einem Teller anrichten.

Eier verquirlen und im Bratfett braten. Abschließend auf dem Spargel anrichten.

Leckere
Spargel-Rezepte
96 Seiten, Spiralbindung,
€ 9,95
ISBN: 978-3-7843-5073-8

... und 35 weitere neue

Gebratener Spargel

MIT PARMESAN

Cremesuppe
MIT LAUCH & KARTOFFELN

ZUTATEN

(Für 4 Personen)
500 g Kartoffeln
3 Stangen Lauch
2 Zwiebeln
2 EL Olivenöl
1 Gemüsebrühwürfel
Salz, Pfeffer

ZUBEREITUNG

Lauch gründlich putzen, waschen und in Ringe schneiden. Kartoffeln schälen, waschen und würfeln. Die Zwiebeln abziehen, klein schneiden und in Olivenöl bei schwacher Hitze anbräunen. Die Lauchringe und Kartoffelwürfel hinzufügen. Gut umrühren und das Gemüse weitere zehn Minuten mit anschwitzen.

Eineinhalb Liter Wasser dazugießen, den Brühwürfel zerbröseln, mit hineingeben und das Ganze ca. eine Stunde köcheln lassen. Abschließend die Suppe pürieren und mit Salz und Pfeffer würzen.

Leckere
feine Suppen
96 Seiten, Spiralbindung
€ 9,95
ISBN: 978-3-7843-5074-5

… und 35 weitere leichte

Cremesuppe

MIT LAUCH & KARTOFFELN

Die „Leckere ..." Erfolgsreihe

Traumtorten als Bestseller

Dieses tolle Torten-buch mausert sich zum echten Küchen-klassiker. Nussbis-kuittorte, Tiramisu-torte und Himbeer-Sahnetorte begeis-tern Hobby-bäckerinnen und -bäcker!

Leckere Torten-Träume
96 Seiten,
Spiralbindung
€ 9,95
ISBN: 978-3-7843-5025-7

Feine Dessert-Ideen

Diese leckeren Ku-chen- und Gebäck-ideen wie Tiramisu, Quarktörtchen und vieles mehr ergeben einfache, feine Desserts. So man-ches Rezept lässt sich selbstverständ-lich auch vielseitig für die Kaffeetafel verwenden.

Leckere Kuchen-Desserts
96 Seiten,
Spiralbindung
€ 9,95
ISBN: 978-3-7843-5035-6

Herzhafte und pikante Backideen

Neben klassischen Gerichten wie Flammkuchen oder Schinkenpfann-kuchen enthält das Buch auch außer-gewöhnliche, aber leicht nachzubacken-de Rezepte wie Spargelkuchen oder Stielmus-Quiche.

Leckere herzhafte Kuchen
96 Seiten,
Spiralbindung
€ 9,95
ISBN: 978-3-7843-5044-8

Wahre Schoko-Sünden

Grandiose Schoko-laden-Rezepte auf einen Blick: teufli-sche Torten, sündige Desserts und verfüh-rerisches Konfekt. Schnell zubereitete Schmankerl sind genauso vertreten wie üppige Schoko-Bomben.

Leckere Schokoladen-Sünden
96 Seiten,
Spiralbindung
€ 9,95
ISBN: 978-3-7843-5076-9

.. bietet tolle Rezepte zu den verschiedensten Themen.
Keine überladenen Ideen, sondern einfache, kreative Gerichte.
Die praktische Spiralbindung ist perfekt für den Küchenalltag.

Frühlingszeit ist Spargelzeit

Dieses Buch beinhaltet die besten Rezepte für abwechslungsreiche Spargel-Gerichte. Eine praktische Sammlung, die während der Spargelsaison in keiner Küche fehlen darf!

Leckere Spargel-Rezepte
96 Seiten, Spiralbindung
€ 9,95
ISBN: 978-3-7843-5073-8

Achtung Grillsaison!

Unverzichtbar, beliebt, kultverdächtig: Entdecken Sie neue Nudelsalat-Ideen: Knoblauch-Speck-Nudelsalat, sommerlicher Pasta-Salat, schneller Pesto-Nudelsalat und viele mehr. Köstlich!

Leckere Nudel-Salate
96 Seiten, Spiralbindung
€ 9,95
ISBN: 978-3-7843-5080-6

Die besten Salate

Salate für jede Gelegenheit: Sie finden Variationen mit verschiedenen Gemüsesorten und Blattsalaten, Kreationen mit Fisch oder Fleisch und verschiedene Fruchtsalate.

Leckere Salat-Genüsse
96 Seiten, Spiralbindung
€ 9,95
ISBN: 978-3-7843-5075-2

Frische, leichte Suppen

Suppen, die echte Allrounder sind: leicht, fein und schmackhaft, sowohl in der wärmeren Jahreszeit als auch in kalten Tagen: Cremesüppchen, klare Suppen und fruchtige Kaltschalen.

Leckere feine Suppen
96 Seiten, Spiralbindung
€ 9,95
ISBN: 978-3-7843-5074-5

Erhältlich in jeder Buchhandlung oder unter www.buchweltshop.de

LV·Buch im Landwirtschaftsverlag GmbH · 48084 Münster

LV·Buch im
Landwirtschaftsverlag GmbH,
48084 Münster

1. Auflage 2010

© Landwirtschaftsverlag GmbH,
Münster-Hiltrup, 2010

Impressum

FOTOS: Merle Cramer, Münster

LEKTORAT: Sabine Deing-Westphal, Rhede

GESTALTUNG: KreaTec – Grafik, Konzeption und Datenmanagement im Landwirtschaftsverlag GmbH, Münster

DRUCK: LV.Druck GmbH & Co. KG, Münster

ISBN 978-3-7843-5080-6